LE COMTE ODART.

LE COMTE ODART.

Celui dont nous allons retracer la vie, ou plutôt apprécier les travaux, a eu le mérite de se créer une carrière sérieuse et honorable en dehors des fonctions publiques, et des exigences non moins grandes des professions lucratives.

M. le comte Odart s'est adonné à l'agriculture, et, dans celle-ci, tournant tous ses soins vers la vigne, il s'est tracé un sillon qu'aucune préoccupation n'a interrompu, qu'une infatigable persévérance a conduit jusqu'au terme et fertilisé partout de son glorieux labeur.

Alexandre-Pierre Odart est né le 1er mai 1778, au château de Prézeaux, commune de Parçay-sur-Vienne (Indre-et-Loire), d'une ancienne famille de Touraine, qui·comptait parmi ses ancêtres un croisé, dignitaire dans l'ordre du Temple, deux chevaliers-bannerets de l'armée de Philippe-le-Hardi, et un vaillant capitaine, qui, sous le nom de Cursay (fief près de Loudun), aida activement Charles VII à reconquérir son royaume.

Un frère aîné, Henri-Louis, né en 1771, était entré aux pages du comte d'Artois et émigra avec ce prince ; il ne rentra en France qu'au prix de quatre mois de prison qu'il dut subir au Temple. Il reprit du service à la Restauration, sous le titre de marquis de Rilly, fit la campagne d'Espagne, en 1823, attaché à l'état-major du général Guilleminot qui lui-même était major-général de l'armée. Le caractère de haute distinction du marquis de Rilly a laissé dans le souvenir de son frère un sentiment profond de vénération, dont l'expression est inscrite en tête de la seconde édition de l'*Ampélographie*.

La qualité de père d'émigré occasionna l'emprisonnement de Claude-Henri Odart dans le donjon de Loches, d'où il fut conduit à la prison de Blois.

Le jeune Alexandre, dont nous nous occupons, avait été mis en 1787 au collége de Pontlevoy, dirigé par les Bénédictins. Il eut presque le temps d'y achever ses études, et, malgré les troubles apportés par la Révolution, il y devint un latiniste suffisant pour que la lecture d'Horace et de Virgile lui restât familière. Les Bénédictins, cependant, durent abandonner le

collége, où ils furent remplacés par des maîtres qui, à la nouvelle de la mort de Louis XVI, dansèrent la Carmagnole avec
leurs élèves. Après ce couronnement de ses études, le jeune
Odart alla rejoindre son père dans les prisons de Blois. Des
charrettes furent envoyées de Paris à Blois pour y chercher
les prisonniers. Mais le 9 thermidor, arrivé sur les entrefaites,
ajourna le départ du sinistre convoi, et le représentant Guim-
berteau, faisant une visite dans les prisons, mit en liberté
MM. Odart père et fils, comme *ennemis non dangereux* de la
République. Ils se retirèrent à Prézeaux, emportant, pour pro-
vision de voyage, les œuvres mathématiques de Bezout, que
le fils étudia sous la direction du père. Quelques mois passés
à Tours complétèrent ces études et mirent le jeune aspirant en
mesure d'entrer à l'Ecole polytechnique, alors à sa formation :
il y fut reçu en même temps que MM. Vallée et les deux frères
Derouet, de Tours, qui, tous trois, ont parcouru une honorable
carrière dans le génie militaire. Ils eurent la chance insigne
d'entendre les leçons de ces hommes illustres qui furent les
fondateurs de la science au commencement du siècle, Four-
croy, Bouillon-Lagrange, Guyton-Morveau, Chaptal, Monge,
Berthollet.

Les désastres de l'armée d'Italie, à Cassano et à Novi,
inspirèrent au Directoire l'idée d'incorporer les élèves de
l'Ecole dans les régiments de l'armée, sous prétexte qu'on
avait besoin de soldats plus que d'officiers. M. Odart fut, en
conséquence, envoyé à Lorient, dans un régiment d'artillerie
de la marine, dont était colonel M. Leblanc de la Combe,
père du colonel d'artillerie que nous avons connu à Tours,
auteur d'un travail remarquable sur la vie et les ouvrages du
peintre Charlet.

Le premier Consul, après le 18 brumaire, eut assez de con-
fiance dans la France et dans lui-même pour rétablir l'Ecole
et y ramener les élèves dispersés. Vers le temps où M. Odart
y finissait ses études, il fut rappelé auprès de son père mou-
rant, et, après la mort de celui-ci, se trouvant, à 22 ans, en
possession d'un domaine important, il se rappela combien,
dans les exercices à l'Ecole et dans ceux du régiment d'artillerie, la faiblesse de sa vue avait rendu pénible la mise en
pratique des théories mathématiques qu'il avait apprises ; il se
décida à renoncer à la carrière militaire pour se livrer à l'agriculture.

Celle-ci était alors dans l'enfance et ne s'élevait guère au-
dessus de la routine. Dombasle n'avait pas creusé ce sillon qui
devait ouvrir le sein de la terre à tant d'expériences et de
méditations. L'abbé Rozier, Duhamel, Arthur Young, étaient
les maîtres d'alors ; le jeune Odart résolut d'appliquer, sous
leurs auspices, les facultés studieuses de son esprit. Il le fit
avec ardeur, mais aussi avec calme et persévérance. Son

attention se partagea toujours entre l'étude et la pratique, car il était littérateur en même temps qu'agriculteur. Les auteurs anciens et modernes étaient l'objet de ses études, et les classiques latins et français toujours présents à sa mémoire. Il a composé diverses œuvres littéraires pour la pure satisfaction de son esprit, et que sa modestie a refusées à la publication, l'étude de la vigne devant suffire à sa renommée. Dans cette carrière ainsi spécialisée, son esprit cultivé vit les choses de haut, et puisa toujours aux sources de l'intelligence en même temps que son sens droit observa sur le sol l'effet de son travail. Ses premiers essais ne furent pas lucratifs; et cependant, il eut à s'applaudir de deux succès : la culture du chanvre de Piémont donna de tels résultats entre ses mains qu'elle s'est popularisée dans le pays et que les simples cultivateurs ont continué de s'approvisionner de graines sur les bords du Pô, pour obvier à la dégénération ; la plantation du Grisard de Hollande ou peuplier blanc (*populus alba*), qui avait si magnifiquement réussi à Duhamel, sur les bords de la petite rivière d'Essonne, au Monceau et à Malesherbes, reçut une heureuse extension en Touraine par les mains de M. Odart.

Peu satisfait cependant de ses débuts agricoles, il se renferma dans l'horticulture. Les plus belles espèces d'arbres fruitiers furent rassemblées, et les soins intelligents qu'il leur donna développèrent les fruits en des conditions peu communes. La pomologie le conduisit à la voie qui devait définitivement illustrer sa vie. Cette voie fut celle de la vigne. Les raisins de table furent naturellement le premier objet de son attention, puis vinrent ceux du pressoir.

Ce fut dans ce moment de transition qu'il se maria : il épousa, au château de la Motte Sonzay, Mlle de la Bonninière de Beaumont, fille du comte Charles de Beaumont.

Cette honorable alliance le détermina à se rapprocher de Tours et à acheter la terre de la Dorée, au bord de l'Indre, dans la commune d'Esvres. Le parc, entouré de murs, offrait une étendue suffisante pour les jardins d'agrément et les plantations utiles à la fois. Les murs se revêtirent d'espaliers où s'épanouirent les fruits les plus variés et surtout les raisins les plus divers et les plus beaux. Le sol calcaire-siliceux se prêtait dans un juste équilibre au développement des plantes et à la maturité du fruit. La collection de vignes, déjà ébauchée sur les bords de la Vienne, fut continuée sur ceux de l'Indre avec le plus grand zèle. La collection du Luxembourg, confiée alors aux soins intelligents de M. Hardy; les riches pépinières de M. Audibert, à Tarascon, et des frères Baumann, à Strasbourg, fournirent un ample contingent à cette réunion. Des correspondances, progressivement étendues sur tous les points de la France, sur plusieurs de l'Italie, de l'Espagne, de l'Autriche, dans la Méditerranée et à Madère, finirent par compléter un musée où sont représentés les éléments de toutes les productions viticoles de quelque renom dans l'univers. Le Gouvernement se prêta à cette œuvre utile par le concours de ses fonctionnaires diplomatiques. De la sorte arrivèrent les cépages de la Turquie, de la Perse, du cap de Bonne-Espérance, et ceux aussi de la Russie méridionale, où M. de Hartwiss (1) dirigeait les vignes de l'empereur de Russie à Magaratch, en Crimée.

A cette époque, où le bienfait des chemins de fer n'existait pas encore, les voyages étaient lents, pénibles et dispendieux. M. Odart en fit peu ; il s'est rendu aux congrès viticoles de Dijon, de Bordeaux et d'Angers ; il en revint avec l'esprit enrichi d'observations judicieuses, le cœur pénétré des hommages qui lui furent rendus, et sa collection fut accrue de quelques cépages recueillis et bien observés sur les lieux. En 1839, à l'âge de 61 ans, il obtint du ministre de l'agriculture, qu'une mission lui fût confiée pour aller en Hongrie, étudier, au moment des vendanges, les vignobles de Tokay. Il s'y rendit, et, chemin faisant, il observa les vignes de l'Autriche et la belle collection de cépages rassemblée à Bude, par M. Schams.

A Tokay, son œil exercé démêla promptement les ressorts divers de la célèbre production. Un massif volcanique, l'Hégi-Allia, en forme l'enceinte ; un sol de basaltes pulvérisés offre, sous le 47e degré, une terre féconde et chaude à la fois, que le confluent de la Theiss et du Bodrog arrose, aère et vivifie dans les conditions des meilleurs vignobles connus. Il observa à fond le sol, les cépages, les modes de culture et de vinification. L'accueil qu'il reçut fut digne de la mission qu'il remplissait, et des vives lumières émanant de son langage, car, à cette époque, sa réputation n'était pas encore établie. L'*Ampélo-*

---

(1) M. de Hartwiss, né en Livonie, était officier dans l'armée russe, lorsqu'il fut blessé grièvement à la bataille de Leipsig. Sa blessure l'éloigna de l'armée pendant la campagne de 1814 ; mais, en 1815, il prit part à la seconde invasion. En arrivant, avec son corps, dans une ville de Champagne, il aperçut des cosaques qui assiégeaient la maison d'un marchand de vin, et s'efforçaient d'y entrer pour la piller. Il les chargea à coups de cravache et délivra la maison, dont le propriétaire, reconnaissant, voulut le loger chez lui. Le cantonnement se prolongea pendant l'été et l'automne. M. de Hartwiss fut initié, par son hôte, à la culture de la vigne et à celle des arbres fruitiers. De retour en Russie, il fut pris en amitié par le prince Woronzoff, qui lui donna la direction des jardins et des vignes qu'il voulait créer au pied des montagnes du midi de la Crimée. En peu d'années, cet établissement devint si prospère, que l'empereur de Russie, en le visitant, conçut le désir d'en créer un semblable ; il fut convenu que ce soin serait encore confié à M. de Hartwiss, qui a dirigé cet établissement, non loin de là, à Nikita, pour les fruits, à Magaratch pour les vignes. M. de Hartwiss entra en correspondance avec M. Odart en 1845, dès qu'il eut pris connaissance de l'*Ampélographie universelle*. Cette correspondance affectueuse est intéressante par les détails qu'elle donne sur les établissements de Nikita et Magaratch, sur les vignes de la Crimée, du Caucase, de la Géorgie et des rivages de la mer Noire ; elle a duré jusqu'à la mort de M. de Hartwiss, arrivée vers 1862. Deux de ses lettres ont été publiées dans les *Annales de la Société d'agriculture de Tours*.

graphie n'avait pas paru, et le *Manuel du vigneron*, à peine né sous un autre nom, n'avait pas encore conquis sa renommée.

Au retour de la Hongrie, il reprit ses occupations sédentaires. L'étude, l'observation, la pratique, et l'expérimentation, tels ont été ses procédés constants et les moyens si sûrs de ses succès. L'étude a ouvert son attention sur toutes les vignes anciennes et modernes, préparé son esprit à la profondeur de l'examen et à la couleur gracieuse qui devaient donner tant de solidité et tant de charme à ses descriptions et à ses conclusions. Entouré d'une richesse d'éléments que nul n'avait jamais eue sous la main, il consacra à cette étude un loisir passionné et une persévérance que ni Chaptal, l'homme d'État et le savant, ni Bosc, le voyageur écrivain, n'avaient eus à leur disposition. Aussi, tout en consultant les opinions de ses devanciers, les soumit-il toutes à de nouvelles épreuves. Pour se guider dans ce labyrinthe, il avait, outre l'étude, un grand fonds de bon sens, un esprit de critique lumineux, un tact sûr, une grande finesse de dégustation, et nous croyons même pouvoir compter au nombre de ses avantages, une myopie qui, le forçant à examiner de très-près les objets soumis à ses observations, lui révélait les nuances les plus délicates du caractère de chacun et les gravait plus profondément dans sa mémoire (1). Sa collection, si elle ne fut la plus complète, a du moins été la mieux étudiée qui fut jamais, et, à ce titre, c le a produit le meilleur fruit, puisqu'elle a donné l'*Ampélographie*. Il a justement consacré l'un de ses chapitres à la difficulté de former une bonne collection. C'est, qu'en effet, il ne suffit pas de recevoir des plants étiquetés ; ces plants ont été arrachés pendant l'hiver, alors que l'absence des feuilles et des fruits en efface les caractères ; puis, au milieu de nombreux échantillons, l'expéditeur peut commettre des erreurs ; les désignations locales peuvent enfin donner le change et confondre une même individualité sous des noms divers. Son triomphe a été de débrouiller le chaos, d'en faire sortir la lumière et de mettre le positif à la place de l'incertain.

En se livrant à ces études, le comte Odart était loin de songer uniquement à s'enrichir ; sa pensée était plus haute et plus philosophique ; il a cherché le progrès de la science viticole plus que son bénéfice. Celui-ci, cependant, ne lui a pas fait défaut ; mais le désir du bien et de sa propagation a été le but le plus constant de ses efforts. Fixé à la campagne, obser-

(1) Je parle ici d'après un savant professeur de médecine et de botanique, qui, étant myope lui-même, assure que ses yeux valent des microscopes pour saisir les détails de l'anatomie animale ou végétale, et qu'ils voient beaucoup plus de nuances en regardant de près, qu'il n'est donné de le faire aux vues ordinaires.

vant les travaux populaires, et se rendant compte de l'esprit qui les dirigeait, il a pris à tâche d'étendre leur action par la connaissance des pratiques usitées en d'autres temps, et sur d'autres terrains. Il a, en conséquence, recherché avec soin et étudié ce qui a été écrit sur la vigne : il a reconnu combien tout était incomplet. Chaque localité était privée de l'expérience et des lumières acquises autre part. Les chimistes, qui étaient intervenus dans la question, avant que les matériaux fussent suffisamment préparés, y avaient, malgré de grands talents, apporté plus de trouble que de clarté. L'observation attentive de la nature lui révéla une foule d'erreurs accréditées dans les esprits. Le redressement de ces erreurs, la recherche d'une vérité à la fois simple et féconde, devint alors l'objet de toute sa vie, et son mérite impérissable est d'avoir éclairé la question viticole de vives lumières restées triomphantes. S'attaquer aux idées émises par la science d'alors était une entreprise bien audacieuse; la force de la conviction l'y conduisit cependant; l'exposé de sa discussion est soutenu avec un talent, une force de dialectique irrésistibles, et en même temps avec une courtoisie parfaite, dans l'Introduction du *Manuel du vigneron*. Eh ! comment n'aurait-il pas triomphé quand il dénonçait la préoccupation étrange des chimistes, ayant pour but d'augmenter la spirituosité du vin au delà de la proportion donnée par la nature : « Comme si, dit-il, la spirituosité était la condition unique qui constitue la qualité du vin ; et cependant qui ne préfère aux vins du Roussillon, vins si chauds qu'ils en sont presque impotables, à moins qu'ils ne soient très-vieux, le vin de Bordeaux, froid quand on ne l'a pas dénaturé, mais en même temps si léger, si salutaire, d'un bouquet si agréable quand il a vieilli? On a reconnu aussi que ce n'est pas à l'alcool que le Chambertin doit la supériorité de sa qualité, puisqu'il est inférieur, sur ce point, au vin de *Gouais* noir et à celui d'autres cépages peu recommandables. Nos œnologues chimistes ont la manie de dénigrer les vins des climats tempérés. La supériorité qu'ils accordent unanimement aux vins des climats méridionaux a dû faire croire à leurs lecteurs que ces climats produisent naturellement de bons vins comme ils produisent des oranges et des olives, et moi-même j'ai partagé cette impression. Et pourtant, le vin de Champagne, qui n'est pas du midi, se boit dans toutes les parties du monde. » Les vins de Bourgogne et des bords du Rhin jouissent d'un renom également incontesté. Ce simple exposé ne suffit-il pas pour renverser la théorie opposée?

M. Odart a eu à combattre d'autres hérésies, tant populaires que scientifiques. Le vulgaire est porté à attribuer au sol une influence excessive; il se figure que les crus classés dans l'infériorité par une longue tradition de la routine, doivent toujours conserver leur caractère, que si on leur confie des cépages supérieurs, ils les dénatureront à la longue, les assimileront aux espèces indigènes, et leur feront produire un vin analogue à celui qui a toujours été récolté dans la localité. Ce préjugé de l'ignorance a même trouvé des échos jusque dans les sommités de la science. Dussieux, Parmentier, Lenoir, Bosc, ont affaibli l'importance des cépages, en attribuant une influence excessive au climat et au sol ; et l'illustre Chaptal, lui-même, a prêté son imagination et sa plume à rédiger la formule suivante : « Supposons qu'un habitant de la Touraine se procure des marcottes de Bordeaux et de la Champagne, qu'il les plante séparément et qu'il donne à chacune de ces nouvelles colonies les soins de culture qu'elles auraient reçues dans leur pays : voyons quels seront les résultats !

« Les vignes bordelaises mûriront douze à quinze jours plus tard, la première année de leur rapport, que les vignes de la contrée, parce qu'elles se seront trouvées à une température moins chaude ; et, par la raison inverse, les vignes de Champagne amèneront leurs fruits à maturité douze à quinze jours plus tôt. L'année d'après, les temps de la maturité des unes et des autres se rapprocheront davantage, la différence sera encore moins sensible les années suivantes ; et, enfin, après huit ou dix ans, cette époque de maturité, la saveur des raisins, tout sera tellement rapproché, que les caractères apparents et la variété des produits se confondront, au point qu'on ne pourra plus reconnaître ces vignes étrangères de celles du pays. »

« J'ai été, continue M. Odart, après avoir cité ce texte du célèbre chimiste, j'ai été ce propriétaire de la Touraine, invoqué par Chaptal ; j'ai réuni les plants des vignobles les plus renommés du Bordelais, de la Champagne, de l'Espagne, de l'Italie, de l'Asie mineure, de la Tauride, de la Perse, etc. J'atteste que rien de ce qu'il a dit ne s'est passé sur mon sol, et que chaque cep a gardé son individualité avec ses caractères propres. J'affirme, après expérience, que plusieurs caractères sont persistants dans tous les sols : la présence ou l'absence de coton sous les feuilles ; la couleur et la forme des grains du raisin, presque toujours leur disposition sur la grappe, la distance plus ou moins rapprochée des yeux ou boutons sur le bourgeon ou sarment. Le sentiment de ces auteurs est en opposition formelle avec l'observation et aussi avec l'opinion des auteurs italiens, le comte Gallesio, le docteur Gatta, l'abbé Milano, et de l'espagnol Don Simon Roxas Clemente. Je ne soutiendrais pas que le Carbenet produirait ailleurs un vin d'aussi haute qualité que dans le Médoc, quoique, sous le nom de *Breton*, il en donne de très-délicat en Touraine, dans la plaine de St-Nicolas de Bourgueil ; mais certainement ses caractères principaux, tels que la forme de la grappe, celle des grains et leur saveur se sont immuablement conservés en

Touraine. Les vignerons disent que le Côt aime notre pays, mais ces cépages ne sont certainement pas indigènes de ces localités; ils y ont été importés. »

Eh! ne voyons-nous pas d'ailleurs que, en chaque vignoble, il existe, de temps immémorial, des cépages divers, à raisins blancs, roses, noirs, avec la pulpe blanche ou rouge; la feuille est entière ou à plusieurs lobes; elle est avec ou sans duvet cotonneux. Ces cépages poussent, fleurissent, mûrissent chaque année, l'un à côté de l'autre, sans que jamais ni l'influence du sol ou du climat, ni celle du voisinage réciproque altèrent leurs caractères et les amènent à assimilation. Comment la science a-t-elle pu mettre en question un fait aussi évident?

A cette thèse malencontreuse de la transformation des cépages sous l'influence du climat et du sol, s'en joignit une autre peu motivée et qui eut pour défenseurs trois hommes d'un incontestable mérite. Elle consiste à prétendre que la propagation par boutures, marcottes et même par tubercules, conduit à la dégénération, et qu'il est urgent de combattre cette décadence en ravivant la nature des plantes par des semis (1). M. Odart, fort de la conviction qu'il s'était faite de la persistance des cépages, de leur invariabilité à travers les sols et les climats divers, et de leur retour constant aux qualités les plus éminentes de leur espèce, lorsqu'après un exil en sol défavorable ils reviennent au terrain de leur première renommée, ne pouvait laisser passer une telle proposition sans en démontrer la vanité et l'inutilité. Il commença par dénier la dégénération, qui, en effet, est toute réfutée par la démonstration qu'il a faite de la persistance des cépages, aussi parfaits aujourd'hui dans le Médoc, ou dans les crus d'Aï et de Romanée, qu'ils le furent jamais. La transmission par boutures lui paraît beaucoup plus constante, plus inaltérable que celle par semis, dont le propre est de produire l'inconnu sous mille variétés. Parmi ces variétés, il en est sans doute dont les qualités peuvent être appréciées à la longue, mais la plupart tendent à se rapprocher du sauvageon et auraient besoin de la greffe. La valeur de ces espèces inconnues et si incertaines,

(1) Il y a eu un peu de malentendu entre la thèse soutenue par M. Cazalis-Allut, éminent viticulteur de l'Hérault, et le comte Odart. M. Cazalis-Allut avait surtout en vue ces dégénérescences individuelles qui rendent certains ceps infertiles, désignés sous le nom de *Mulets* ou de *Coulards*. « La dégénération des espèces, dit-il, s'annonce, *dans certains plants*, par la difformité des organes sexuels qui tendent à se doubler, par la disparition des pépins ou la diminution de leur nombre; en d'autres, et c'est le plus grand nombre, par des feuilles plus découpées; dans tous enfin, par un accroissement de vigueur, conséquence nécessaire de la diminution des produits. » M. Cazalis-Allut disait juste : Mais ces dégénérations individuelles ne menacent guère les espèces entières, et le remède proposé de chercher de nouvelles espèces de remplacement dans les semis est tellement aventureux, qu'il semble préférable de se borner à arracher les cépages inféconds et à les remplacer.

demande une étude de longue haleine, et lorsque l'on aura
entrevu la qualité de certains raisins, il restera à planter une
vigne d'un demi-hectare de chaque espèce nouvelle pour en
apprécier le mérite au point de vue œnologique; car la saveur
du raisin ne préjuge rien sur celle du vin qui doit en résulter.
« Ne savons-nous pas, dit-il, que deux sortes de vignes qui
donnent les meilleurs vins du monde, le Carbenet du Médoc
et le Granaxa de l'Aragon produisent des raisins d'un goût
très-médiocre? Or, donc, dans combien de temps et à quels
caractères connaîtra-t-on les raisins propres à faire de bon vin?
Ce n'est pas trop de dire 25 ans. » Le succès, sans doute,
peut couronner quelques tentatives, mais quelles combinaisons,
quelles chances ruineuses à courir! Quel besoin est-il de se
lancer en de telles aventures lorsqu'on a sous la main des
cépages éprouvés pour chaque sol, chaque climat; chacun
desquels se prête à une migration plus ou moins étendue, de
manière qu'il est possible de satisfaire à tous les sols suscep-
tibles d'assurer la maturité du raisin!

Cependant, en soutenant et en démontrant, autant que possible, le principe de la fixité et de la permanence des cépages,
il était difficile de remonter à leur origine et de dire s'ils ont
été ainsi établis par la nature ou par la culture, ou s'il y a lieu
de compenser la part de ces deux principes. C'est qu'il n'est
pas aisé de saisir ce point de partage où la nature a modifié
ses règles strictes pour confier à la civilisation une partie de
ses richesses. On ne connaît pas l'origine du froment et des
autres céréales, ni celle de la plupart des végétaux légumiers
ou fruitiers dans le mystère de leur développement cultural,
de même qu'on ne peut saisir l'instant où le chien, le cheval,
le chameau, le bœuf, le mouton, la poule se sont attachés à
l'homme pour vivre à la fois sous sa servitude et sa protection.
Ces causes adventices se confondent avec les causes premières
dans les traditions les plus lointaines aussi bien que dans le
creuset scientifique.

Mais le comte Odart ne borna pas ses études à la connaissance matérielle des cépages, il les étendit à la culture, à la
taille, au mode de vendange propre à chacun. Les renseigne-
ments les plus minutieux furent pris dans tous les vignobles
de France et de l'étranger, les documents furent rassemblés
de toutes parts par livres et correspondances. Le résultat de
tant de recherches devait naturellement se résumer en quelques écrits. Les livres qu'il a publiés furent le corollaire, non
le motif de ses études; il a écrit parce qu'il savait. Les Annales
de la Société d'agriculture portent l'empreinte de ses premiers
essais; il y a consigné ses vues sur les cultures diverses de la
vigne et sur les collections de cépages.

Le premier volume sorti de sa plume fut intitulé : *Exposé
des diverses cultures de la vigne, d'après les usages reçus dans*

les vignobles célèbres. Cet ouvrage prit, dans l'édition suivante, une extension nouvelle, résultat naturel d'une étude faite à dessein de compléter un livre écrit, cette fois pour le public, non plus seulement pour un petit cercle. Ce livre, auquel le titre de *Manuel du vigneron* fut donné par l'avis de l'éditeur, justifie ce titre, tout en conservant son caractère encyclopédique à l'égard des modes divers employés dans les vignobles célèbres. Les documents les meilleurs y sont groupés autour du noyau formé par l'expérience et la pratique personnelles de l'auteur.

La vigne avait été son champ d'observations ; il avait fixé son œil scrutateur sur tous les phénomènes, prêté une oreille attentive à toutes les voix de la nature, et une dégustation d'une extrême finesse à tous ses produits : « Il m'a semblé, dit-il, que le laboratoire du vigneron était sa vigne, son pressoir et son cellier. » Grâce à cette base si vraie et si solide, son immense érudition viticole s'est condensée en un exposé de faits toujours vérifiés et présentés en déduction de la plus saine logique. Tout caractère de compilation disparaît pour faire place à l'œuvre personnelle et originale.

La viticulture se partage en deux branches fort diverses ; l'une a pour but l'abondance, et l'autre la distinction des produits. L'abondance et la distinction sont malheureusement incompatibles. Les cépages très-féconds n'ont que des produits de qualité médiocre, et les cépages distingués ne donnent qu'une faible vendange. Dans les années d'abondance, les crus les plus célèbres éprouvent une dépréciation marquée dans la qualité de la récolte. Le haut prix des vins distingués peut seul compenser le défaut d'abondance, et ce haut prix ne s'obtient que dans les crus de grand renom. Aussi est-il arrivé que nombre de crus de moyenne renommée, ne pouvant soutenir la concurrence contre le profit des vignobles fameux, ou contre celui des vignes vulgaires, mais abondantes, ont renoncé à lutter contre les premiers et se sont rangés sous la bannière des seconds, en sacrifiant leurs plants distingués à d'autres moins délicats, mais plus productifs.

Les grands profits de la vigne française se partagent ainsi entre les vins supérieurs de Bordeaux, de la Bourgogne, de la Champagne, et les vins très-abondants du Midi. L'un et l'autre système a ses théoriciens très-habiles, et à juste titre ; car toute production ne peut atteindre à une haute distinction, et, dans la vie commune, les vins ordinaires rendent plus de services que les vins très-recherchés.

Les travaux du comte Odart se sont particulièrement dirigés vers les qualités nobles du vin. C'était une conséquence de son genre d'esprit cultivé et quelque peu aristocratique. Chez lui, l'idée de l'art l'emporte sur celle du profit. Cette dernière a ses professeurs, au grand avantage de la consommation générale. Mais pour lui, sans négliger ce qui, dans la vigne, peut tourner au profit des populations, il a incliné assez visiblement vers la production de choix, et il a voulu, autant que les circonstances le permettent, relever la production de la vigne à tous ses degrés et dans tous les sols.

Le but de son ouvrage, il nous le dit lui-même, a été l'amélioration des produits, et il le formule ainsi : « Encourager partout la production des bons vins, et, à cet effet, jeter dans les esprits les germes de cette idée qui peut être féconde en résultats. Dans tous les départements où la vigne est cultivée, il n'y a, pour ainsi dire, pas un domaine qui ne possède un terrain propre à la production d'un vin de qualité supérieure, moyennant quelques soins, du discernement et de bons conseils; la similitude du terrain n'est jamais indispensable. »

En tous ses écrits, il a préconisé la qualité au-dessus de la quantité ; il a conseillé l'amélioration du vin dans tous les crus, et le naturel dans la fabrication. Il rejette avec énergie tous les moyens artificiels, toutes les additions de matières étrangères et tous les procédés employés par le commerce ou exigés par celui-ci des vignerons, au détriment de la renommée des crus et de l'hygiène des consommateurs. Son âme droite et fière, son goût si délicat, se révoltaient également contre toute altération.

Il a insisté pour que l'égrappage, recommandé par Chaptal et son école, pratiqué dans le Médoc et la Bourgogne, ne se fasse pas; il a remarqué, par nombre d'observations, que le vin cuvé avec la grappe entière acquiert plus de corps, plus de solidité, et qu'il se conserve mieux.

Les mêmes idées philosophiques qui l'avaient porté à écrire le *Manuel du vigneron*, contenaient les éléments d'un autre ouvrage, non moins original ni moins important. Ce grand musée de cépages, qui forma la collection de la Dorée, et dont les caractères, si bien saisis, si richement nuancés, permettent des combinaisons à l'infini dans la production du vin, demandait un catalogue descriptif et appréciateur. C'est là l'origine et le motif du curieux volume publié sous le titre d'*Ampélographie universelle*, ou traité des cépages les plus estimés dans les vignobles de quelque renom. Jusque-là, des descriptions incomplètes, des nomenclatures locales étaient seules apparues. Celles laissées par les anciens étaient tout-à-fait insaisissables dans leurs caractères; celles d'Olivier de Serres, La Quintinie, l'abbé Rozier, étaient insuffisantes pour débrouiller le chaos. L'allemand Sachs, l'italien Milano, l'andaloux Don Simon Roxas Clemente, auteurs d'excellents ouvrages, n'avaient décrit que les cépages de leurs provinces. Il s'agissait de franchir les limites de celles-ci et de former un tableau général, qui mit le lecteur, et surtout le vigneron, en présence de tous les éléments que la nature cultivée pouvait offrir. L'*Ampélogra-*

phie universelle fut ce tableau. Trente ans d'études, de recherches assidues, de correspondances sur tous les points du monde viticole, avaient précédé la première édition, qui parut en 1845. Depuis lors, des informations de plus en plus étendues ont permis de rectifier et d'améliorer cet ouvrage ; cinq éditions se sont ainsi succédé, de 1845 à 1862, et celle-ci n'eût pas été la dernière si le grand âge de l'auteur eût permis de continuer une œuvre dont les limites sont nécessairement difficiles à atteindre.

Jamais homme ne fut plus compétent pour traiter une pareille matière. Il a peu voyagé ; mais quelles pérégrinations pouvaient remplacer ces observations de tous les instants, poursuivies pendant plus d'un demi-siècle sur des cépages mis en présence les uns des autres, étudiés en toutes saisons, comparés dans chacun de leurs caractères? Cette étude ne pouvait être faite que par un praticien zélé, persévérant, à l'esprit éclairé et pénétrant, comme l'était celui du vigneron de la Dorée. Il a apporté la lumière où le chaos seul régnait; on croyait à la confusion, à la variation des cépages : il a démontré leur fixité et présenté, autant que possible, les moyens de les reconnaître à travers les synonymies locales ; il a appris à des localités, souvent fort éloignées les unes des autres, qu'elles possédaient à leur insu un même cépage, et que ce cépage avait acquis, sur certains points, la plus haute renommée. Qui se doutait, avant la publication de l'*Ampélographie*, que le plus délicat plant du Médoc fût cultivé en Touraine sous le nom de Breton, et dans la Nièvre sous celui de Véron ; que le Pinot ou Noirien, l'élément le plus noble des vins de la Bourgogne et de la Champagne, se retrouvait, avec tous ses caractères, sous le nom d'Auvernat noir dans le Loiret et le Haut-Rhin ; sous celui d'Orléans ou Plant-Noble dans Indre-et-Loire, de Salvagnin noir dans le Jura et à Neufchâtel, de Schwartz-Klewner en Alsace, de Noir de Versitch à Bude, et de Czerna-Okrugla-Ranka en Hongrie?

L'œuvre est maintenant facile à continuer pour arriver à plus de précision encore, mais surtout elle est utile pour diriger sur chaque terrain, sous chaque climat, les combinaisons qui peuvent conduire à la production la plus distinguée ou la plus abondante. Elle met en main des ressorts que le vigneron peut faire mouvoir à son gré dans les limites que permet la nature au profit de la qualité ou de la quantité. L'*Ampélographie*, si difficile à faire, à cause des conditions toutes spéciales qu'elle demandait dans la vie d'un homme, est donc fondée désormais sur des bases solides, autant que la matière le comporte. Il faut avouer cependant qu'un ordre rigoureux est bien difficile à établir parmi des végétaux qui appartiennent à l'état cultivé, et à la répartition desquels la nature n'a pas donné, comme dans l'état sauvage, ces caractères accentués qui se

prètent aux classifications botaniques. Pour édifier sa classifi-
cation, M. Odart a consulté tous les auteurs qui l'ont précédé.
Les uns se sont appuyés sur les feuilles cotonneuses ou glabres,
entières, lobées ou laciniées, sur la forme ou la couleur des
grappes et des grains de raisin, sur les sarments à nœuds
écartés ou rapprochés. Mais il a reconnu que la nature se dé-
robait à ces distinctions, que des espèces, bien groupées dans
la réalité, comme les Pinots, les Gamais, les Mauzacs, les Car-
benets, les Sauvignons, se jouaient dans leurs variétés des caractères ci-dessus. Il a donc cru devoir se borner à une classifi-
cation par régions. Rien ne paraît moins scientifique au
premier abord, et cependant, en observant le parti qu'il a tiré
de cette méthode, on voit qu'elle a l'avantage de ne pas ren-
fermer trop de système à sa base, et que, par cela même, elle
se prête à plus d'élasticité dans la description des caractères.
C'est ainsi que le système sexuel dans la botanique, si précis,
mais si exigeant, a dû céder la place à la méthode naturelle,
qui ne se trouve pas emprisonnée en des conditions si absolues
et permet de multiplier les caractères. S'il a fallu se relâcher
ainsi de la rigueur systématique pour suivre les caractères de
la nature végétale dans toute son étendue, à plus forte raison,
quand il s'agit de végétaux appartenant à la civilisation et
multipliés en de nombreuses nuances sur les mêmes caractères
essentiels de la botanique, faut-il agir avec prudence, avec
tâtonnement, pour ne pas tomber en de regrettables contra-
dictions.

Le *Manuel du vigneron* et l'*Ampélographie universelle* ont
créé la *Viticulture comparée*, science qui fait aujourd'hui de
sensibles progrès, grâce aux semences répandues par ces deux
ouvrages, et fécondée par l'immense impulsion imprimée par
les voies de communication. La science viticole, autrefois
localisée en divers procédés inconnus d'une province à l'autre,
se généralise sous le rayon d'une lumière bienfaisante qui
s'étend à tous les sols et à tous les climats, faisant la part à
chacun dans la proportion voulue par la nature, et ne laissant
ignorer à aucun les avantages qui peuvent lui revenir. Dans
cette révolution, qui intéresse le monde entier, les travaux du
comte Odart tiendront une place importante. Le nombre d'erreurs réfutées, de vérités rétablies dans le jour le plus sain,
forment comme un point de partage entre la science avant lui
et après lui.

Ce fut donc à juste titre que ses deux ouvrages furent ac-
cueillis du monde viticole par une adhésion sincère. On peut
rapporter à l'*Ampélographie* et à sa remarquable introduction
ce que le rapporteur de la Société d'agriculture du Gard a dit
du *Manuel du vigneron* :

« Bonne logique, saine critique, force de preuves, autorité
de discussion, érudition choisie, clarté, précision et méthode,

toutes les qualités nécessaires à un ouvrage de ce genre donnent un nouveau prix à la valeur du sujet. » M. Henri Marès, l'ampélonome du Midi, lui écrivait de Montpellier, le 20 janvier 1858 : « Voilà un mois que je m'entretiens tous les jours avec vous, en relisant la troisième édition de votre *Ampélographie*. Vous avez fait là une œuvre vraiment nationale, car il n'appartenait qu'à un français de décrire les principales variétés de la vigne. Que de matériaux vous avez réunis! Votre ouvrage sera désormais la base de tous ceux qui traiteront le même sujet. Le service qu'il rendra à la viticulture et à l'œnologie est immense, car les vrais principes y sont exposés et développés avec une lucidité et une autorité qu'on ne connaissait pas encore. Vous avez mis en évidence les seuls moyens par lesquels on peut obtenir des vins de distinction. Pour mon compte, j'ai vérifié l'exactitude de vos principes, notamment sur l'influence que le cépage exerce sur les produits de la vigne, de même que votre opinion sur l'inaltérabilité de ses variétés. On sort peu à peu de l'étrange confusion qui régnait dans cette branche de l'agriculture. Il faut bien reconnaître que c'est l'*Ampélographie* qui rendra possible tout ce mouvement : c'est elle qui est, à chaque instant, citée et invoquée. Ce sont ses classifications qui sont adoptées et qui permettront de se retrouver au milieu du labyrinthe où l'on s'égarait auparavant. »

La Société impériale et centrale d'agriculture lui décerna sa grande médaille d'or, honneur auquel il fut d'autant plus sensible, que cette décision avait été prise à l'unanimité des membres votants. La croix de la Légion d'honneur lui fut adressée après la 2e édition de l'*Ampélographie*, en 1849. Ses travaux furent ainsi récompensés par une unanimité de suffrages qui forma une sorte d'ovation pour sa noble vieillesse.

D'un caractère aussi bon que son esprit était solide, il a gardé jusqu'à la fin, à l'âge de 88 ans, ses qualités intellectuelles et morales. Les glaces de l'âge n'altérèrent pas sa gaieté ni la sincérité de ses sentiments. Il plaisantait de la manière la plus naturelle sur la mort qu'il attendait, sans la désirer ni la craindre. Au sein des douceurs de la famille, il a rendu à Dieu son âme, toute prête pour l'éternité, et sa fin, comme celle du sage et du chrétien, a été le *soir d'un beau jour*.

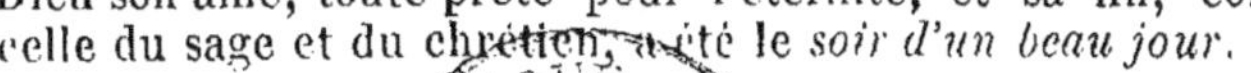

Ch. DE SOURDEVAL.

Tours, imprimerie LADEVÈZE, rue Royale, 39.